Finzione Inc.

Mat de Melo

Edizione dei Viaggiatori del Tempo

ISBN 13: 978-989-33-6410-9

Tutti i libri pubblicati da nova ink printhouse.

nova ink
printhouse
subculture
books

Il marchio di fabbrica Mat
de Melo poesie di
montaggio
cinematografico

Ringraziamenti

Un ringraziamento speciale ai
poeti che battono a macchina.
Ai creatori di idee di mezzanotte.
Ai teatranti affamati di
palcoscenico. Agli artisti
tormentati e ai geni incompresi.
A coloro che credono nel potere
delle idee e a chiunque abbia mai
desiderato di più.

Questo è per noi.

Ho visto l'angelo nel
marmo e l'ho scolpito fino
a liberarlo.

– Michelangelo

Finzione Inc.

ATTO I

Scena 1

Un teatro d'essai.

Le luci si abbassano e il sipario si alza.

Il protagonista emerge dal palcoscenico, e legge il suo monologo al teatro.

MILO Con la pioggia o con il sole, o qualsiasi cosa accada, le nostre intenzioni sono fatte d'oro, e i nostri vantaggi hanno

un tragico difetto incorporato.
Che idee romantiche, volere e
non avere. Far accadere ciò
che non esiste. Non c'è un
progetto, un manuale per
questo? Non importa le gocce
di pioggia. Mettete il vostro
cappotto antipioggia e non
preoccupatevi. La notte è
quasi arrivata e tu ed io
saremo sulla luna.

Per il raggio del
proiettore.
Che strana sensazione avere
tutte le risposte, vedere il
mondo a colori e avere tutto
ciò che conta. Il libro di fiabe
dell'immagine in movimento

si muove a 24 fotogrammi al
secondo, ma questa quasi
fantasia è una rivelazione lenta.

Juno è in piedi su una
scala con un rotolo
di nastro adesivo.

JUNO Potresti mandare il
pubblico in delirio.

MILO Forse sì, forse no, ma
non importa. Un giorno tutti
avranno letto le parole
"una commedia tragica".

JUNO Sarai il brindisi della
città, la chiacchiera della città.
Sta per succedere e tutti quelli
che contano saranno presenti.

Juno spegne l'elettricità del palco. Tutto è buio, tranne la luce di uscita sulla porta. Milo si mette la giacca, e insieme a Juno lascia il palco.

Scena 2
Appartamento 2e, Bairro Alto. Su un tappeto di lana grigio. Milo leggeva Shakespeare al buio e Juno teneva una torcia sul libro.

"Quattro giorni si immergeranno rapidamente nelle notti; Quattro notti sogneranno rapidamente il tempo".

Juno è affascinata.

JUNO Non c'è un antidoto?

MILO Forse sì, forse no.

JUNO Forse, in un mondo diverso.

Più tardi.

Milo ha un elenco di aneddoti e idee, e Juno apre il libro di memorie su un'idea a caso.

JUNO **Descrizione di un personaggio letterario**

Personaggio uno, il Poeta Guerriero. Il Prometeo delle parole, che ha dato il fuoco all'umanità. È il portatore

di poesie. Con ogni verso,
trasforma in realtà ciò che non
è ancora reale. Il personaggio
uno usa le parole sia come
spada che come scudo. Le sue
parole riecheggiano nel Bairro
Alto, una chiamata alle armi
per chiunque si rifiuti di essere
messo a tacere dall'ordinario.

Il personaggio due è la dea
delle idee e la profetessa
del talento. A differenza di
Cassandra, le cui previsioni
erano vere e non credute, le
previsioni del personaggio due
sono insieme vere e credute.
Vede i superpoteri sopiti in

ognuno di noi e quindi è una
musa per la ribellione poetica.
Il personaggio due richiama il
personaggio uno, le cui idee
sfumano il confine tra realtà
e finzione. Il suo personaggio
è inconfondibile e compreso
da tutti nel teatro, dove le
restrizioni di tempo e spazio
si dissolvono sul palcoscenico.

Il personaggio tre è il padrino
della virtù. Porta la magia
attraverso il teatro. È il
produttore di arte e la rivolta
contro l'ordinario. Suscita le
masse a creare cose. Il
personaggio tre è il capostipite
di una generazione. Alimenta

la ribellione con un elisir
allucinogeno di buone idee.

Personaggio quattro: L'Icaro
della rima e del ritmo, è spinto
dall'eccitazione e quindi dalla
ribellione contro il mondano.
Continua a spingersi oltre i
confini della fisica e sfida
tutti a sfruttare al meglio
ogni cosa e, proprio come
il primo personaggio, rischia
di volare troppo vicino al sole
del proprio genio.

MILO Che interpretazione
divina.

JUNO C'è di più?

MILO C'è, e tu hai una parte
in questo dramma.

JUNO Chi sono?

MILO L'oracolo delle idee.
        Juno sale su una scala.
JUNO Il dado è stato tratto,
facciamo in modo che si
realizzi.

                Dissolvenza al
                teatro.

Scena 3
> Milo è sul palco.
> Il proiettore è acceso,
> e lui legge il suo
> monologo al teatro.

MILO

Un prologo a questo

Che è più di colui, che credeva
pienamente di poter avere tutto
ciò che voleva, e che credeva
pienamente che la magia
esistesse. E ancora di più è
colui che ha un'idea nuova e
viene respinto, che rifiuta le
convenzioni accademiche e
sfida gli standard stabiliti.
 Più è un polimatico su un
terrazzo del Bairro Alto che

ha lanciato volantini da un
cannone sui caféhoppers
notturni di rua da Rosa, dando
così inizio a una vera e propria
rivoluzione dell'autenticità.

Più è Juno, il cui lavoro
consisteva nel fare una sagoma
e colorarla. Più è il letterato
anonimo che incollava poesie
di montaggio alle fermate
degli autobus di Barcellona.
Più è l'arrivo in ritardo
dell'antieroe e un mito oscuro
e leggendario il cui superpotere
è che qualsiasi cosa metta su
carta gli accada.

Più è il sole, la luna e le stelle,
e tutto ciò che incolla il tutto.
Il di più è finzione. Il di più è
oltre l'arcobaleno. Il di più è
su carta, e da qualche parte là
fuori. Il di più è qualsiasi cosa
tu ne faccia, e c'è di più da
scoprire. Meno che ci siano
piccoli mostri verdi. Meno che
non ci sia tempo.

Scena 4
  Nel backstage, vicino al
  distributore di bibite.
  Juno e Milo bevono una
  cola su un tappeto di
  lana grigio.

MILO Parole, parole, parole,
tutto ciò che ho sono parole.

Juno si accende
una sigaretta.

JUNO Sei stato vittima di un
incantesimo. Probabilmente
per sempre.

MILO Ed eccomi qui, sul
pavimento con te, vicino alla
macchina della Coca-Cola,
a tenere insieme l'universo
con parole su carta e colla.

JUNO È stato nominato
proprio per questo motivo.

Milo fa una pausa.

MILO Ecco il nodo da
sciogliere, avere ed essere il
ruolo. Sul palcoscenico,
quando le luci si spengono
e il teatro diventa blu
ultravioletto, capisci che
quello che stai vedendo è una
finzione, ma c'è molto di più
di quello che sembra.
JUNO Che altro?

MILO Per avere un antidoto al
Tempo, per rallentare e non
essere così romantico.

Milo ha un libro di idee
di carta gialla a righe con
la parole: Atto 2, i

monologhi della
buonanotte.

JUNO Leggilo domani, sul
palco e con il proiettore acceso.

Escono Milo e
Juno

Più tardi.
Milo si trova in Rua de
Andrada. Passa davanti
all'opera, poi ai caffè di Rua
Garret. Lui cammina lento
verso l'Academia de Belas
Artes, e un puntino rotondo
e stellato si staglia nella
mesosfera. Si ferma e lì ha

una specie di rivelazione: per avere un antidoto al Tempo dovrebbe imparare a sfidare la gravità e a muoversi alla velocità della luce.

Scena 5
Appartamento 2e.
La radio è accesa.
Srotola un foglio di carta e legge la poesia ad alta voce.

Il monologo di La Luna.

A chi è rivolto? È il Poeta-Rockettaro le cui idee sono troppo anticonvenzionali per le organizzazioni tradizionali, che

si lancia nella sua macchina
delle parole di notte senza
preoccupazioni o cautela.
Quando il poeta può leggere la
sua poesia di montaggio agli
Armonici in un caffè di
Barcellona? Il microfono è
acceso e gli incompresi non
hanno ancora avuto il loro
turno.

Scena 6

Un proiettore Kodak
super 8. Un montaggio di
immagini in movimento
viene proiettato su una
parete.

Iniziare il montaggio

Una Mini Cooper blu e rossa.
Un giro a metà pomeriggio
sulla Nacional 4. L'Alentejo.
Nebbia di fine estate.
Un campo di erba gialla e fiori
di papavero. Espanha, 130
chilometri. Una radio FM.
Una copia della Guida
Galattica per gli Autostoppisti
sul cruscotto. Una cassa di gin
tonic sul sedile posteriore,
vicino a Juno. Una mappa

cartacea. Una macchina
fotografica da 35 mm e una
pistola ad acqua di plastica
verde neon.

Juno e Milo e Bacchus
fumano una sigaretta e la
radio è accesa. Milo
preme l'acceleratore e i
tre fatto lo zoom in
avanti.

Fin del montaggio.

In scena.
Milo ha il microfono.
Leggere una poesia a
Juno e al teatro.

MILO Da qualche parte a
Barcellona, qualcuno con
un'immaginazione iperattiva
è impegnato in una poesia.
Tac tac tac fino a notte fonda,
parole parole parole, finché
alla fine non si ottiene un
manifesto di vino in scatola.
In questo, e da qui in poi un
sottogenere senza nome.
Quello che era iniziato come
una poesia si è trasformato in
un rimedio alle idee comuni,
e quindi in una generazione di
malcontenti, un sottogruppo di
giovani brillanti tutti impegnati
in un'idea in un romanzo.

Che l'Universo è nostro e
che il passaporto per averlo
è nelle nostre tasche blu.
Che c'è polvere di stelle nel
nostro DNA, e che quindi è
necessaria una magia per farlo
accadere, e che tu e io e quasi
tutti i presenti abbiamo i
prerequisiti per farlo.

JUNO Bis, bis!

MILO Non c'è un bis.

Con una voce che può
essere descritta solo come
"marshmallow s'mores
biscotti al cioccolato".
JUNO Allora aggiungetene
altri e rinominate la vostra
favola quasi narrativa in Ink
Blue Ink.

Il sipario si chiude e
Juno esce di scena.

Milo si avvicina all'arco
di proscenio e, non
essendoci nessuno, finge
di indossare il sipario
come un mantello blu
con cappuccio.

Scena 7

Nella sala di proiezione.
Milo e Juno siedono vicino al
proiettore cinematografico.
Sul pavimento c'è una radio.
a transistor accesa e Juno
regola il quadrante sul
programma radiofonico
The Kerosene Lantern.

Un'introduzione
La furia di Achille e la sua
quasi invulnerabilità, tranne
che per il tallone. I fulmini e le
saette di Giove. I messaggi di
Hermes e il carro d'oro di
Apollo.

Entra Bacchus, che ha
quattro pass d'ingresso
per il set di costumi
Tanqueray, al Cinema
São Jorge. OTTOBRE.
31. 20h.

BACCHUS
Quattro pass per quattro
rockettari.

MILO C'è una parola
d'ordine?

BACCHUS
C'è. Allora.come.in.fiction.
È scritta con inchiostro
invisibile.

JUNO Ho un'idea per un costume.

MILO Tu sei Juno, sii tu.

> A Milo.

BACCHUS C'è un fulmine, un arco e una freccia nella stanza del guardaroba.

> Milo e Juno e Bacchus indossano i loro cappotti.

MILO
> Allora andiamo. Non c'è tempo da perdere.

Scena 8
Parte 1: la pre-serata.

L'appartamento di Milo.
Alla radio c'è Coltrane. Ci sono
cartoni di pizza sul pavimento.
Milo e Juno, Bacchus e Sonny
bevono Pisco sour attorno a un
tappeto da gioco e discutono a
tavola rotonda di tutto ciò che
c'è di più e di tutto ciò che
conta.

>Passando lateralmente
>dall'uno all'altro, sotto
>una lampada a
>sospensione rotonda e in
>una nebbia di sigarette.

MILO Eccone una:

Distilla la grandezza in
un'unica anima.

JUNO Leonardo di Vinci.
Poi Michelangelo, poi Rafael.

BACCHUS Poi Shakespeare.

SONNY Per me è
Michelangelo. Poi forse
Platone.

MILO Dopo chi?

JUNO Dopo gli impressionisti.

BACCHUS Dopo i Romantici.

SONNY Dopo Kerouac. Dopo Miles, e ce ne sono molti altri.

MILO Dopo Pablo Picasso.

JUNO
    Per me l'arte non ha né passato né presente.

MILO Entrambi, parole su carta o film?

JUNO Per me, immagini in movimento.

SONNY Poi le parole su carta.

BACCHUS Direi il cinema.

È arte, è finzione, è immagini
in movimento.

MILO Direi la macchina da
scrivere portatile.

Juno telefona a un taxi.
Sonny nasconde una bottiglia.
di *Pisco* in una piccola borsa
da viaggio. Un taxi Mercedes -
Benz arriva e Milo, Juno,
Bacchus e Sonny bevono
contemporaneamente i loro
pisco sour.

Parte 2.
Il ballo in costume.

Entrano Milo e il suo
entourage.
Sul pavimento ci sono confetti
di carta blu e rosa. Tutti si
sono travestiti, e tutti quelli
che sono qualcuno sono lì.
Coloro che fanno accadere le
cose. I fabbricanti di cinema,
e gli attori di teatro. Gli
studenti universitari. I
romantici. I baristi dei caffè,
e i neoimpressionisti.

C'erano due bar di gin, due bar
di spumante e due torte di
cioccolato rotonde con la

scritta *"quali incantesimi
possono venire?"*

Nella stanza risuonava
un remix jazz degli anni
Venti.

A Milo.
MILO Il mondo è nostro,
da riscrivere.

JUNO L'idea è tua.

Juno fa girare il suo
gin tonic.
JUNO Quando si alza il
sipario?

MILO Domani, forse.

JUNO Sono tutti in costume?

MILO Tu e io, e tutti i
presenti abbiamo una parte
in questa immagine in
movimento.

JUNO Tu sei un santo patrono
della narrazione.

MILO Sono solo un
apprendista.

    Juno finge di avere
    un microfono.
JUNO Sei un romantico,
proprio come me.

Milo scompare nel
teatro. Entrano Bacchus
e Sonny.

BACCHUS Ciao, ciao!
Dov'è Milo?

JUNO Recaci dello *espumante*.

Bacchus fa un cenno
a Milo.

BACCHUS Fanne tre.

SONNY Fanne quattro.

Milo ritorna con quattro
bottiglie di *espumante*,
una per mano e due nella
giacca.

MILO Meglio peccare per eccesso di cautela. Meno è meglio.

Milo estrae il tappo e lo lancia in aria.

MILO Ecco gli scontenti.

JUNO Allora, cosa può essere? Il quartetto fa tintinnare i bicchieri.

SONNY Di notte. ... Che ci sia una supernova di coriandoli di carta, e che questo sia senza fine.

Più tarde.
Juno è in veranda con il
personale del teatro. Bacchus è
sul divano vicino al bar
Tanqueray, mentre Milo e
Sonny girano per la sala con
una macchina fotografica da
35 mm. Dalle dieci e mezza in
poi la festa è in movimento,
la musica suona attraverso i
woofer, c'è un orologio sul
muro e a mezzanotte tutti
hanno lanciato coriandoli
in aria.

Il lancio spaziale di Polaris
Dawn è alla radio, e tutti li si
sono radunati per ascoltare, e
per almeno quella notte c'era

un senso unanime che
l'Universo era nostro, e che
tutto era possibile, e allo stesso
tempo non c'era nessun altro
posto in cui avremmo voluto
essere.

Tre ore dopo.
Milo ha una chitarra a corde di
nylon. Suona una ninna nanna
della buonanotte, e tutti i
presenti nella sala del teatro
canticchiano le parole, e uno
dopo l'altro i costumanti
assonnati si dissolvono nella
notte stellata.

Sovrapposizione blu e
gialla, e dissolvenza in un

appartamento a Chiado.
Milo sta dormendo sul
divano ed è nel bel
mezzo di un sogno.

Un montaggio in piena estate.

Spagna, sull'autostrada A-2.
Milo è in una Fiat 850 Merlot
'73 baciata dal sole. Indossa
una maglietta giallo senape.
La radio è accesa e i finestrini
sono abbassati. Preme
l'acceleratore e, con Madrid
alle spalle, si lancia in avanti.
Barcellona, 500 chilometri.

Scena 9

Milo è in scena, mascherato,
con un cappotto di lana
oversize, una camicia di
poliestere e pantaloni a scacchi
blu.

> Juno è su una scala con
> una Kodak super 8 a
> Milo. Legge le sue
> battute al proiettore
> del teatro.

MILO Un tragediografo è nel
suo appartamento con una
macchina da scrivere portatile
blu.

10 poesie e una bozza di
immagini in movimento.

(Con effetto dattilografico).
L'antieroe. Una risposta
alla sovrapposizione.
Come uccidere un drago.
Quando piove, diluvia.
Dal blu e dentro di te.
La poesia dei guanti.
Era un Merry Xmas.
Popcorn burrosi e funghi
magici. Il cinema e i libri
usati a Barcellona.

Il contorno.
Rosso giallo blu, prendiamo la
mia macchina. Vino in scatola

superluna costruiscimi una
macchina del tempo.
Buonanotte, arrivederci,
rifarei tutto da capo.

Sottrae la bozza dalla
macchina e da quel momento
in poi il teatro, e la finzione e
il Mondo-Reale si dissolvono
in un tutt'uno. Ciò che era
iniziato come un'idea astratta
si trasforma in un oggetto nel
Mondo-Reale. Sulla carta e
sul palcoscenico è invincibile
e può fare ed essere tutto ciò
che vuole. Ma nel Mondo-
Reale c'è un tragico difetto e
per ogni vantaggio c'è uno
svantaggio.

Scena 10

Dietro le quinte.
Milo e Juno sono nella
stanza del guardaroba.
Juno è in costume, e Milo
sta provando un cappotto
di lana.

Entra Bacchus come una
tempesta che si avvicina.
Cade sui vestiti a terra,
con tono malinconico,
legge il promemoria a
Milo e Juno.

BACCHUS Dal Messaggero
del Bairro Alto:

Il Teatro Meta chiuderà a
maggio. Dalla Malvagia
Organizzazione S.p.A.

Una nuvola di tuono
sembra incombere sulla
stanza.

BACCHUS

Ero incollato alla porta
del backstage.

Non ci sarà nessun
teatro, e non ci saranno
Luci e Suoni.

ATTO II

Scena 1

Di notte, a Cascais sul
porto. Milo e Juno sono
in macchina.

MILO Com'è bello il sole che
tramonta, ... e per cosa?

JUNO Il passato è un prologo
a questo. Il sole è tramontato,
ma non su di voi, né su di me.

MILO Non è importante.

JUNO È importante per me, ed è importante per te. È importante per noi, e ce ne sono altri là fuori, dietro le quinte, che aspettano il loro turno. Lo so perché li ho visti, a Barcellona e a Roma e nel Bairro Alto, nei caffè, sul tram, nelle librerie, in fondo alla stanza, vicino ai libri di filosofia. Sono ovunque, se sai dove guardare. Le persone normali non lo vedono, perché le persone normali non sanno vedere le cose con i loro grandi occhi rotondi.

MILO Va contro tutto.

JUNO Quindi dobbiamo
andare controcorrente.
Io e te dobbiamo prenderlo
a cuore. Usatela come la
benzina. Le parole sono come
granate, riempitele di fiori e
uccidetele con la bellezza.

Questo è tutto ciò che io
e te abbiamo davvero.

Scena 2
Appartamento 2e. Milo è sul
divano. Sul pavimento c'è una
Tragicommedia. Alla parete,
un poster dell'Iliade. Milo
sembra uscito da un sogno

e, come nella finzione, ha
un'idea. Piega il primo atto in
aeroplanini di carta e, uno alla
volta, li lancia dalla finestra
aperta nella notte. All'insaputa
di Milo, Juno è seduta in
macchina. Gli aeroplani di
carta sfrecciano nell'aria e
atterrano sull'Avenida. Juno fa
ciò che Juno fa, e 'dalla sua
carrozza emerge,' e come nella
finzione, salva ognuno di essi.

Più tardi.
Milo ha una scatola
rettangolare marrone con
la scritta "rimandare a
domani." Nella scatola c'è un

almanacco di un filosofo
amatoriale. Una tragi -
commedia, atto 3, con una
storia parallela con due
risoluzioni diverse, una tragica,
l'altra meno tragica. Una radio
a transistor e un quaderno con
le istruzioni per costruire una
macchina del tempo.

Aggiunge una diapositiva
Kodak che lo ritrae con
Bacchus e Juno nella sua auto,
e una poesia che dice:
    Prendere le distanze
    dall'establishment.
    Ribellarsi alla norma.

Scena 3
> Lasso di tempo per il
> teatro. Juno è in scena.
> Milo entra nello scenario.

Ai sipari.

MILO Quello che sale,
deve scendere.

A Milo.

JUNO Voi avete fatto bene a
voi stesso. Faresti ancora
meglio a saperlo. Tanta
dolcezza è così insolita, è per
questo, stare per scoppiare.
C'è magia nell'aria, quindi
provaci ancora. Ce la farai.

MILO In quale teatro?
Non c'è nessuno qui.
Sta calando il sipario.
Ecco, prendi un cuscino.
per sognare. Sii come il
poster sul muro, giovane
decadente e brillante.

JUNO Le corporazioni
possono avere il palco, ma non
le nostre idee. Questo è sulla
carta, e con voi. L'eroe della
narrativa tornerà, e quando lo
farà, tornerà con la più dolce
delle vendette. Salverà il
crepuscolo. Avrà la sua ora
d'oro.

MILO Con qualsiasi parola
rimanente.

JUNO Non ci ha lasciato
altra scelta che fare quello
che volevamo.

MILO **Riavvolgere il
nastro fino all'atto 1,
scena 4.** Nel buio il
protagonista aspetta il suo
momento. Il proiettore è
acceso e lui entra lentamente
in scena. Non c'è nessuno qui
oltre a noi, e non c'è motivo
di avere paura, perché non
c'è tale cosa come il fantasma

dell'opera. Cioè, finché non
c'è.

A Juno.

BACCHUS Questo è un
apogeo, se mai ce n'è stato uno.
È un'intenzione di disturbare
l'ordinario. Più che parole su
carta, un manuale per i
disaffezionati. Per coloro che
osano, DI coloro che osano.
Egli deve esserci un nome
per la causa, e deve esserci
un supereroe. Egli deve essere
fedele alla parola data e un
gigante tra gli uomini. Egli deve
essere *all in*. Egli deve indossare
i suoi colori e comportarsi come
se fosse la differenza.

Tracciamo una linea sulla sabbia. Non possono tirarsi indietro, e non possono cancellare una sola parola. Che serva da esempio ai buoni, ai cattivi e ai divini. Non c'è tempo? Dove va a finire la star dello spettacolo, non si rende conto della sua importanza? Forse non si è svegliato dal suo sonno, ma deve aver capito che la vita è solo un sogno. Dovrebbe puntare la sveglia. Dovrebbe andare a teatro e portare con sé le sue idee soporifere.

La notte è quasi arrivata
ed è ora di recitare la
parte.

A Milo.

JUNO

Quegli stivali sono fatti
per camminare, e anche
tu lo sei.

Al proiettore.

MILO Non c'è un senso o una
ragione per questo, per
fabbricare ciò che non c'è?

JUNO Gli dei ti hanno
permesso un genio senza
pari, usalo a tuo vantaggio.

MILO Che minaccia il tempo. ... Non c'è minaccia più malvagia per questo? Non c'è nessuno più cattivo?

JUNO Devi creare tempo. Devi avere un'idea, e deve essere più grande della vita intera.

MILO Allora, come nelle immagini in movimento.

JUNO Più che mai prima d'ora.

Milo ha un'idea.

MILO
C'è l'opzione b, costruire un
teatro. Comprate un proiettore,
luci di scena e costumi. Poi
fare un annuncio. Fate una
poesia, poi fatene delle copie.
Poi incollatele nei *coffeeshop* e
nei teatri di tutto il mondo.
Iniziate da Lisbona, poi da
Porto. Poi Madrid e Barcellona
e Roma. Poi Berlino e poi
l'Olanda. Poi Bogotà, poi
Buenos Aires. Poi alle Hawaii
e poi a Nippon.

JUNO Posso fare l'arte.

BACCHUS Posso fare
fotocopie.

MILO E posso comprare
la colla.

    Sul pavimento c'è un
    aeroplano di carta.
    Lui apre il foglio e legge
    ciò che c'è scritto.
MILO Padroneggia i tuoi
superpoteri. Imparate a
pensare come se lo foste,
e c'è di più.

BACCHUS Non è
un'esagerazione, né una
finzione, bisogna essere la

metafora e fare il necessario
per realizzarla. La cosa triste
è che tu e io e Juno siamo gli
ultimi di una generazione,
e quel teatro non esiste più.

MILO Ci sono altri di noi là
fuori, da qualche parte.

> Juno è sulla scala, e Milo
> è vicino al sipario.

Ai palchi del teatro.
JUNO
Voglio tornare al passato
e ricominciare.
Al cine-teatro. Alle locandine
dei film appese al muro. Al

Moulin Rouge. Alle Années
Folles e ai caffè di
Montparnasse. A un
appartamento di 30 metri
quadrati. Ai dialoghi notturni,
e alla notte. Avete tutto questo
dentro di voi. Lo farete
accadere.

MILO
>   Avrò bisogno di più
>   tempo. Avrò bisogno di
>   una macchina da scrivere
>   portatile, di carta e di un
>   po' di magia.

BACCHUS
    Hai tutte le parole che ti
    servono, ognuna delle
    quali vale oro.
JUNO Hai preso delle
precauzioni?

MILO C'erano gargoyle
dappertutto, e non è bastato.

JUNO Avete una villa in
Spagna circondata da viti.
Il vino rosso. Ogni agosto gli
dei, travestiti da lucciole,
vengono a trovarti in veranda.
Hai una macchina da scrivere e
hai la carta. Avete una radio a
batteria. Che cosa c'è di più?

Sul palco ci sono due
scale teatrali e Milo e
Bacchus salgono sulla
scala accanto a Juno.

MILO Alla a qualsiasi cosa
sia. A noi. Ai melodrammatici.
A ciò che è stato, e alla
vendetta agrodolce.

BACCHUS C'è l'opzione b.

Al teatro, come se fosse
in arrivo una tempesta
tropicale.

JUNO C'è già abbastanza
male nel mondo. Facciamo
una forza del bene, e
facciamolo esplodere.

BACCHUS Non c'è tempo.

JUNO C'è tempo, c'è
Maciuss.

MILO Sulla carta, forse.
  Juno scende e sale sul
  segno di nastro adesivo
  sul pavimento come se
  fosse il suo. grande.
  momento.

JUNO **Chi è Maciuss se
non un personaggio
immaginario,** un comune
supereroe e al contempo un
poeta e una musa. Esagera per
me ciò che accade. Fingi di
essere su un palcoscenico.

Ecco il microfono, leggici
una poesia. Alzate il sipario
e mandate in visibilio il
pubblico. O capitano,
mio capitano, saliremmo
su un banco di scuola per te.
Potremmo morire qui su
questa collina, ma poi
vivremmo per sempre.

Non ascoltate gli antagonisti,
ce ne saranno altri. E allora,
non preoccuparti, conquisterai
il mondo abbastanza presto
con le tue parole, e a 24
fotogrammi al secondo. Ma
fino ad allora, svelaci cosa ti
rende te stesso.

È il tempo, o sono le
parole sulla carta?

O *Pomegranate Angel*, che c'era
uma volta a Lisbona hai diviso
una melagrana in tre parti, una
per me, una per te e una per
Calliope, dimmi come portavi
una macchina delle parole blu
per i progetti di ricerca sul fare
mitologia. Dimmi come,
quando avevi tredici anni,
fingessi di essere un guardiano
dell'Universo. Dimmi che non
eri spaventato dall'oscurità,
e che non esiste una cosa
come i mostri.

Ai distratti il cui idee esagerate
non possono arrivare
abbastanza presto, ci ho
pensato così tanto, ogni poeta
ha una musa, e ogni supereroe
ha un limite. Ecco perché tutti
vogliono sapere cosa ti rende
te stesso. È la vendetta?
È l'Amore, o l'idea di esso?

C'è un treno per Hendaye
alle 10 del mattino. Portate
l'antidoto, e ricominciamo
da capo. La storia della
buonanotte è quasi alla fine,
e tu hai 43 anni. Oh, ma non
importa; per me sei giovane,
è il tempo che non vuole
star fermo.

(Un applauso).
MILO C'è un'alternativa?

BACCHUS Non essere
normali è un prerequisito.
Non puoi avere la botte piena
e la moglie ubriaca.

MILO Voglio conquistare
il mondo, toglierlo alle
corporazioni e restituirlo
agli insoddisfatti.

BACCHUS Non esiste una
cosa del genere. Non qui.
Non in questo momento.
Non per gli uomini d'affari.

MILO C'è per me e c'è per te.

JUNO L'arte esiste perché è
necessaria, ed è sempre
necessaria.

Una pausa drammatica.
MILO Sei un romantico dentro
e fuori.

JUNO Non c'è più magia?

A Juno, sul pavimento.
MILO La magia è nelle parole.
Ecco perché le gocce di pioggia
sono blu. Lo metterò su carta,
e voi potrete colorarlo.

A Milo.
JUNO Ti rubricano come
essere superuomo. A volte

penso che tu non sia di
questo mondo.

Escono Bacchus e Juno.

Milo si rivolge all'operatore
di proiezione. Lui dice
addio e, una dopo l'altra,
le luci si spengono.

ATTO III

Una farfalla batte le ali
e provoca un uragano
dall'altra parte del mondo.

Scena 1

La sera.
Inquadratura ampia di
un cinema nel Bairro
Alto. Poi, Milo in fondo
al cinema, sotto il fascio
di luce del proiettore.

Milo è al suo posto
con una cola media.
Le parole sono proiettate
sulla sua maglietta bianca.

Una successione di colori
retrò. Mandarino, blu e
marrone.
Introduzione.
Per la generazione di idee,
un'etica, un manuale d'uso
per i fabbricanti di idee.
Fate tempo all'idea di fiorire,
e portatela fino in fondo.

Scena 2
Sullo schermo vengono
riprodotti contempor -
aneamente tre fotogrammi
orizzontali.

**Primo
fotogramma.**
Milo è alla sua macchina da
scrivere, per mantenere una
promessa fatta all'Universo.
Tac tac tac, scrive fino a notte
fonda. Le parole sembrano
saltare fuori dalla pagina finché,
alla fine, avviene una metamorfosi.
Ha un antidoto al tempo.

Secondo
fotogramma.
Juno è in macchina a un
semaforo. Il semaforo diventa
verde, poi giallo, poi rosso.
Mozart è alla radio, non si
muove, e di nuovo il semaforo
diventa verde, poi giallo,
poi rosso. Questa volta Juno
preme l'acceleratore e zooma
in avanti.

Terzo fotogramma.
Bacchus è sul divano con un
biglietto Renfe per Barcellona,
via Madrid. Mette il biglietto in
tasca e poi indossa la giacca.

Scena 3

Un caffè in Garret Street.
Juno è a un tavolo sul
retro. Milo indossa una
tuta di volo blu.

Lui e Bacchus
ordinano un caffè.

BACCHUS Il cinema sarà
distrutto, e allora, il Meta non
ci sarà più.

JUNO Cosa ci succederà?

BACCHUS Ci stanno
riportando agli archivi.

JUNO Qual è l'opzione 3?

MILO Abbiamo bisogno di
un nuovo teatro, e di più
personaggi, quelli che non
hanno paura dei mostri e
che leggono Shakespeare
al buio. Abbiamo bisogno
di un romantico idiota.
Avremo bisogno di luci,
di un proiettore e un'idea
così incredibile che sarà
quasi impossibile da
esprimere a parole.

JUNO La magia sta svanendo.

BACCHUS Forse c'è un altro
contratto.

MILO No. Purtroppo non
c'è tempo.

> Bacchus fa una
> pausa.

BACCHUS Ecco agli idioti
romantici, che non hanno
paura di provare e a volte ce la
fanno. Che sospirano al
pensiero di perdere tutto e lo
fanno comunque. Non fate
caso all'incertezza e non
preoccupatevi. Mettete le
vostre idee su carta e procedete
con quello che avete.

> Bastano tempo e
> pressione, e avrete la
> vostra poesia della
> vendetta.

        Milo regala a Juno
        un libro usato.

JUNO Cosa c'è che non va?

MILO Un manuale su mostri,
sogni ad occhi aperti e incubi.

JUNO Chi è l'autore?

MILO Una persona anonima,
anche se non sono sicuro che
sia una persona.
        Bacchus si alza e sale su
        una sedia come se fosse
        su un palco e avesse
        qualcosa di importante
        da dire. Tutti i presenti si
        girano a guardare.

BACCHUS Per Milo, da un
drammatico all'altro. Il
supereroe che è in voi tornerà
e, in quel momento avrete
capito che l'avete sempre avuta
e, come tutti i supereroi, avrete
imparato a usarlo per il bene e
per qualsiasi cosa vogliate.
Col tempo, o soccomberete
ai vostri vizi e diventerete il
cattivo o sarete costretti a
scegliere tra ciò che siete e
ciò che volete veramente.

Il tram 28 sfreccia.
Milo lo vede come una
chiamata all'azione.

MILO Il sipario si è chiuso
e il nostro spettacolo
notturno è finito.

JUNO Dove andiamo?

Una pausa drammatica.
MILO
Roma. Ho un
appuntamento con
gli dèi.

Milo, Juno e Bacchus si
circondano l'un l'altro e
quello che inizia come
un abbraccio di gruppo
termina con una
chiamata al palco.

MILO Ti sia ben fatto.
Che alla fine dell'arcobaleno
ci sia l'oro.

JUNO Il separarsi è un
così dolce dolore.

        Bacchus saluta e
        lascia il caffè.
JUNO Addio, Milo.

MILO Addio.

Scena 4

Milo è nella sua auto, a tutta
velocità lungo l'Avenida.
Lui arriva a un cartello di
divieto di svolta al semaforo
rosso, e gira comunque per il
teatro. Lascia l'auto vicino alla
porta del retro del palco e si
dirige verso l'ingresso con una
pesante mazza di ferro sulla
spalla. Si muove all'indietro,
e rompe il lucchetto. Apre la
porta ed entra nel teatro.

Milo cammina lentamente
verso il palco. Apre il sipario,
poi si ferma, quindi fissa
la sua attenzione sul teatro,
sull'arte alla parete. C'erano

tutte le muse: Calliope, Clio,
Polimnia, Euterpe, Terpsichore,
Erato, Melpomene, Thalia e
Urania. Non dice una parola,
e non ne ha bisogno. Sa che loro
sanno che le sue idee sono sulla
carta e che le legge molte volte,
a volte per La Luna, a volte per
un teatro a tre.

       Milo siede su una
       scaletta.
Sul palco c'è una scatola
di manifesti teatrali.
Lui immagina un teatro
pieno, tutti si vestono in
costume. Ognuno aveva
un programma di finzione

incorporato, e alcuni
avevano lune di carta.

Sul palco, in costume,
lui legge il suo poema
sui vendicatori.

Il monologo del codice
di abbigliamento.

A tutti coloro che erano diversi,
che sono stati spinti ai margini,
che hanno dovuto conformarsi
alle idee normali o andarsene.
Vestitevi come volete. Siate chi
volete essere. Indossate il
vostro travestimento e
comportatevi come volete.
Non esiste un'opzione

B e le idee che avete in mente
sono tutto ciò che avrete.
La scena è stata allestita,
e così non badate alle gocce
di pioggia. Metti le scarpe,
e cammina sotto la pioggia.
Non perdete ciò che vi rende
voi stessi. Il mondo è nostro,
e quando si alzerà il sipario e
inizierà lo spettacolo, siate il
contro-venere di tutto ciò che
vuole distruggervi. Fissa i tuoi
occhi stellati sulla stratosfera e
siate pronti ad affrontare
qualsiasi cosa accada.

Esiste la magia?
Forse sì, forse no.
Ma possiamo fingere.

Milo si ferma vicino alla tenda … Agli dei del teatro.

Dolce Calliope, le parole non costano poco.

Sotto la luce della luna, dove io e te e Bacchus abbiamo un accordo tra gentiluomini, io metterei su carta tutto ciò che luccica e brilla, e io avrei tutti i vantaggi, e tu avresti le tue poesie notturne. Per questo, il nostro lavoro è finito. Il sole mandarino è tramontato e ciò che rimane è un ragazzo sul palco con una camicia hawaiana. È in costume e, ha mantenuto il suo accordo.

Come può sfuggire al
melodramma, a meno che il
mondo non sia un palcoscenico?
Allora, è una ninna nanna
d'addio, una stretta di mano
segreta agli spettatori di tutto
il mondo. Ahimè, il mondo
ha bisogno di una poesia di
vendetta, di una chiamata
all'azione: Salvare la casa
del cinema. Salvare il teatro.
Salvare le idee.

Al microfono finto.

Sono solo un apprendista poeta.

Non esiste un'idea così improbabile, e nessuno è così pazzo da avere un'idea, e quindi fabbricare un mondo che non esiste se non sulla carta. Lui esagererà ogni parola, ed ecco! come per magia ciò che è sulla carta accade davvero. Lui potrebbe dover muoversi alla velocità della luce, e lui potrebbe dover riordinare le stelle per farlo, ma avrà il suo aneddoto di mezza estate. Forse ci vorrà un'eternità, ma non importa:

un giorno avrà la sua
redenzione, che sarà ricordata
per sempre e non scadrà mai.

Milo si volta verso l'uscita
del teatro sul palco. C'è una
lampadina da 30 watt.
Lui accende la luce, e così
quando non c'è nessuno,
e per non sabotare lo
scenario, in modo che i
fantasmi del teatro passato
possano giocare nella notte.

Scrivere per noi

nova ink printhouse
Rua de Alcamim, 21
Elvas, PT 7350-014

matdemelo.info

nova ink printhouse
@proton.me

Printed in the USA
CPSIA information can be obtained
at www.ICGtesting.com
CBHW012305181024
16045CB00043B/1602

9 789893 364109